Un grand merci au docteur Marie-Frédérique Guesneau, gynécologue médicale, pour sa relecture attentive.

À mon Adèle, si curieuse des mystères de la vie.

C.J.

Pour Edgar, à qui j'ai beaucoup pensé pendant la création des images !

M.R.

MIXTE
Papier issu de sources responsables
FSC® C022030

Maquette : Maryse Guittet
Suivi éditorial : Sophie Prénat

Loi n°49-956 du 16 juillet 1949 sur les publications destinées à la jeunesse, modifiée par la loi n°2011-525 du 17 mai 2011.

ISBN : 978-2-09-257820-9
Achevé d'imprimer en décembre 2017 par Pollina, Luçon, France – 83234
N° d'éditeur : 10236252 - Dépôt légal : février 2018

Questions Réponses ! 5+

Comment on fait les bébés ?

Texte de **Cécile Jugla**
Illustrations de **Maud Riemann**

Nathan

L'aventure commence !

Maman est enceinte ! Un bébé va grandir dans son ventre pendant 9 mois. C'est long ! Les enfants se demandent à qui il va ressembler...

Pourquoi les parents décident-ils de faire un bébé ?

Parce qu'ils s'aiment. Et qu'ils ont envie de donner la vie à un bébé. Ils se sentent prêts à lui offrir plein d'amour, à l'aider à grandir... et à agrandir leur famille.

Pourquoi faut-il une femme et un homme ?

Parce qu'un bébé, c'est la rencontre d'un ovule, la « graine » d'une femme et d'un spermatozoïde, la « graine » d'un homme.

Ça veut dire quoi, être amoureux ?

Quand deux personnes sont amoureuses, elles sont attirées l'une par l'autre : elles ont envie de s'embrasser, de se parler, de vivre ensemble et parfois de faire un bébé.

Comment on fait les bébés ?

Pour qu'un ovule et un spermatozoïde se rencontrent, une femme et un homme doivent faire l'amour.

C'est quoi, une famille ?

Une famille naît quand un couple donne naissance à son premier enfant. Cette naissance est inscrite dans un petit carnet : le livret de famille.

Des corps qui changent

À l'adolescence, entre 12 et 14 ans, le corps des filles et des garçons se transforme : il est prêt à faire des bébés... Mais il vaut mieux attendre d'être adulte pour pouvoir s'occuper d'un enfant et fonder une famille !

Pourquoi les femmes ont-elles des seins ?

Pour nourrir leur bébé ! Les seins commencent à fabriquer du lait pendant la grossesse.

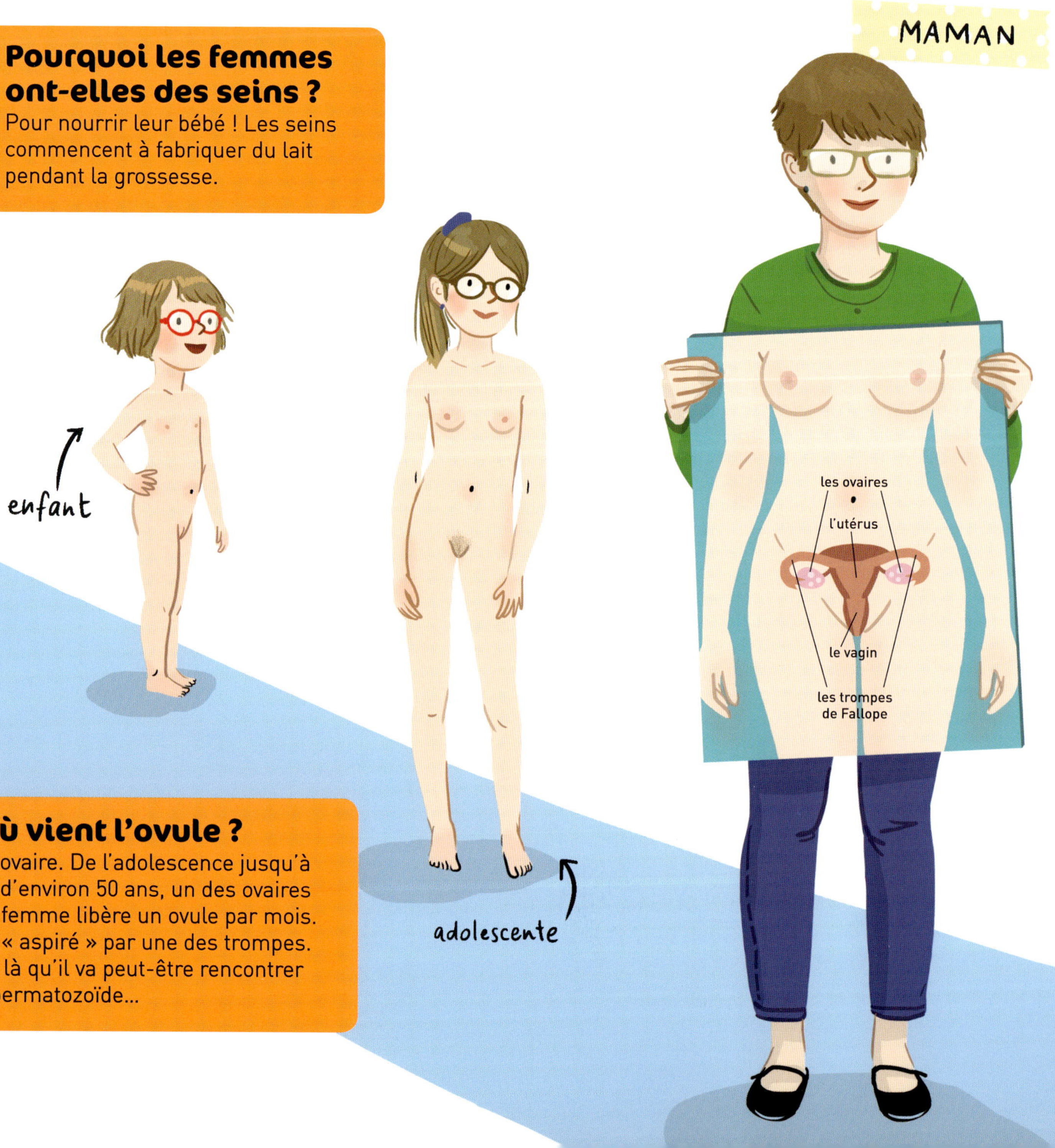

D'où vient l'ovule ?

D'un ovaire. De l'adolescence jusqu'à l'âge d'environ 50 ans, un des ovaires de la femme libère un ovule par mois. Il est « aspiré » par une des trompes. C'est là qu'il va peut-être rencontrer un spermatozoïde...

C'est quoi, faire l'amour ?

Quand un homme et une femme font l'amour, ils s'embrassent, se caressent et ils ressentent du plaisir. Alors, le sexe de l'homme durcit, pénètre le vagin de la femme et libère des spermatozoïdes.

Que se passe-t-il si l'ovule ne rencontre pas de spermatozoïde ?

La femme a ses règles pendant quelques jours : l'ovule est évacué par le vagin avec un peu de sang provenant des parois de l'utérus.

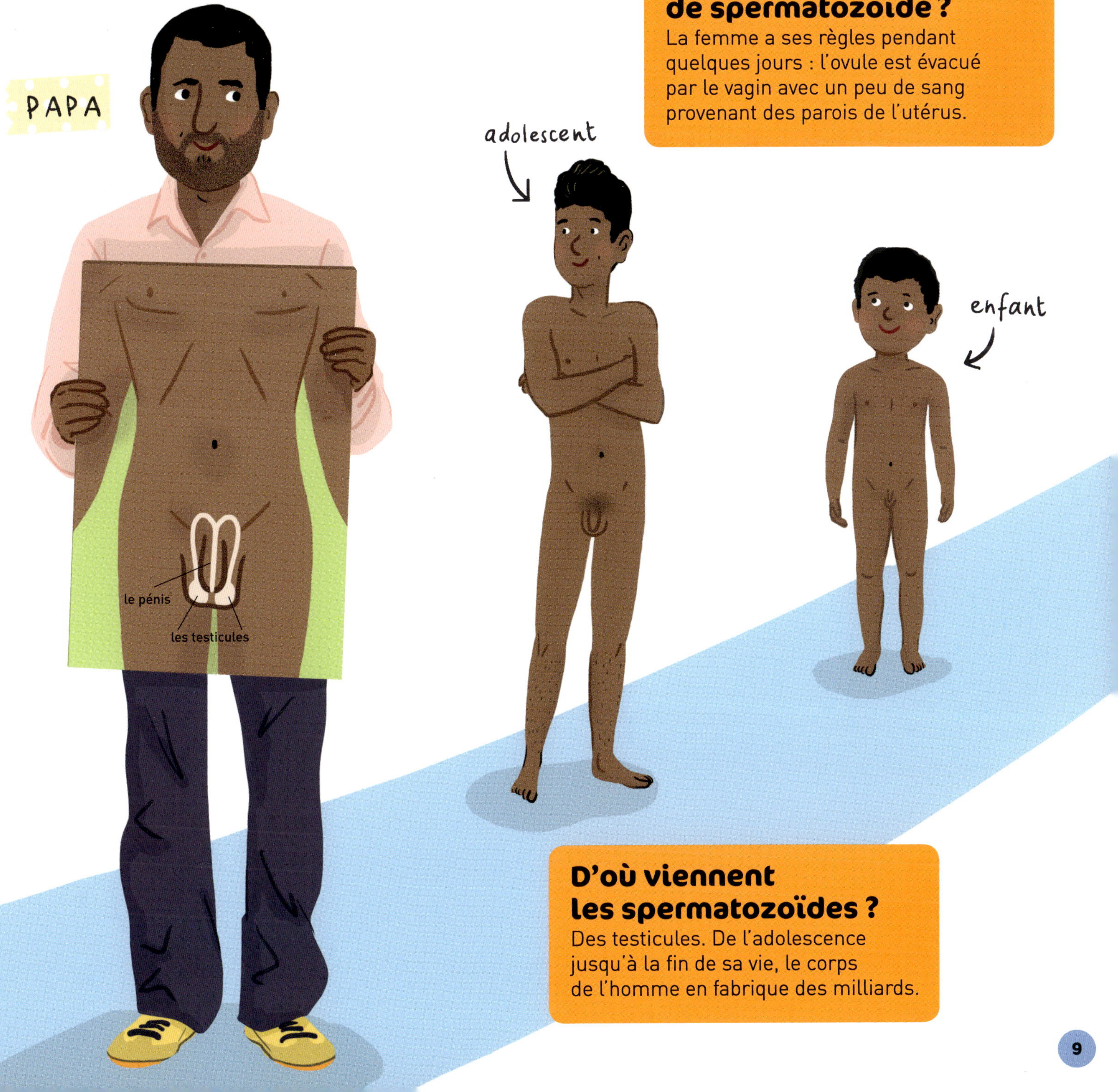

D'où viennent les spermatozoïdes ?

Des testicules. De l'adolescence jusqu'à la fin de sa vie, le corps de l'homme en fabrique des milliards.

Au tout début...

Les spermatozoïdes, minuscules, font un grand voyage dans le corps de la femme. Quelques-uns arrivent dans la trompe où se trouve justement un ovule...

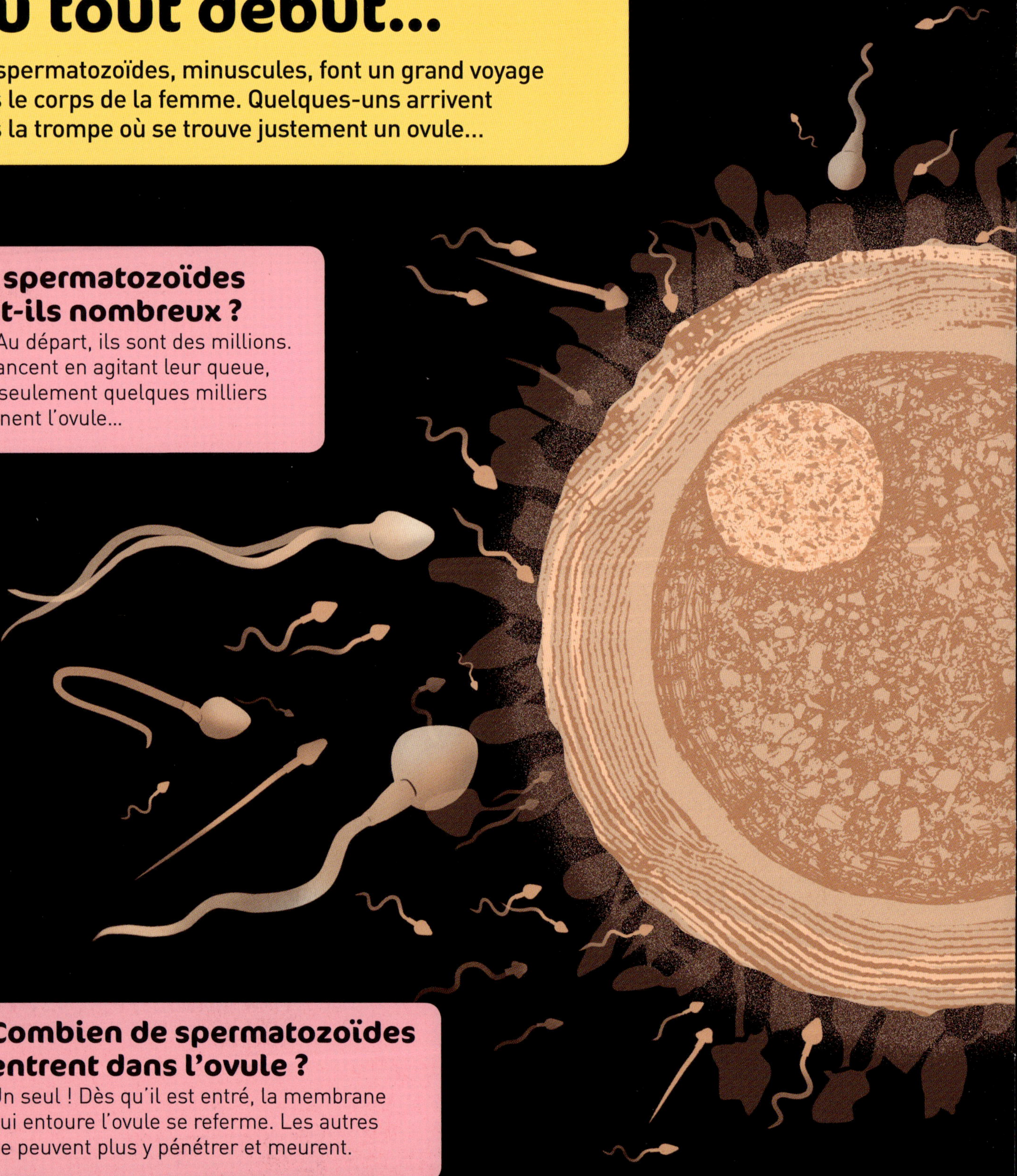

Les spermatozoïdes sont-ils nombreux ?

Oui ! Au départ, ils sont des millions. Ils avancent en agitant leur queue, mais seulement quelques milliers atteignent l'ovule...

Combien de spermatozoïdes entrent dans l'ovule ?

Un seul ! Dès qu'il est entré, la membrane qui entoure l'ovule se referme. Les autres ne peuvent plus y pénétrer et meurent.

Que se passe-t-il quand un spermatozoïde entre dans l'ovule ?

C'est la fécondation, le début de la vie ! L'œuf issu de la rencontre d'un spermatozoïde et d'un ovule va se transformer, petit à petit.

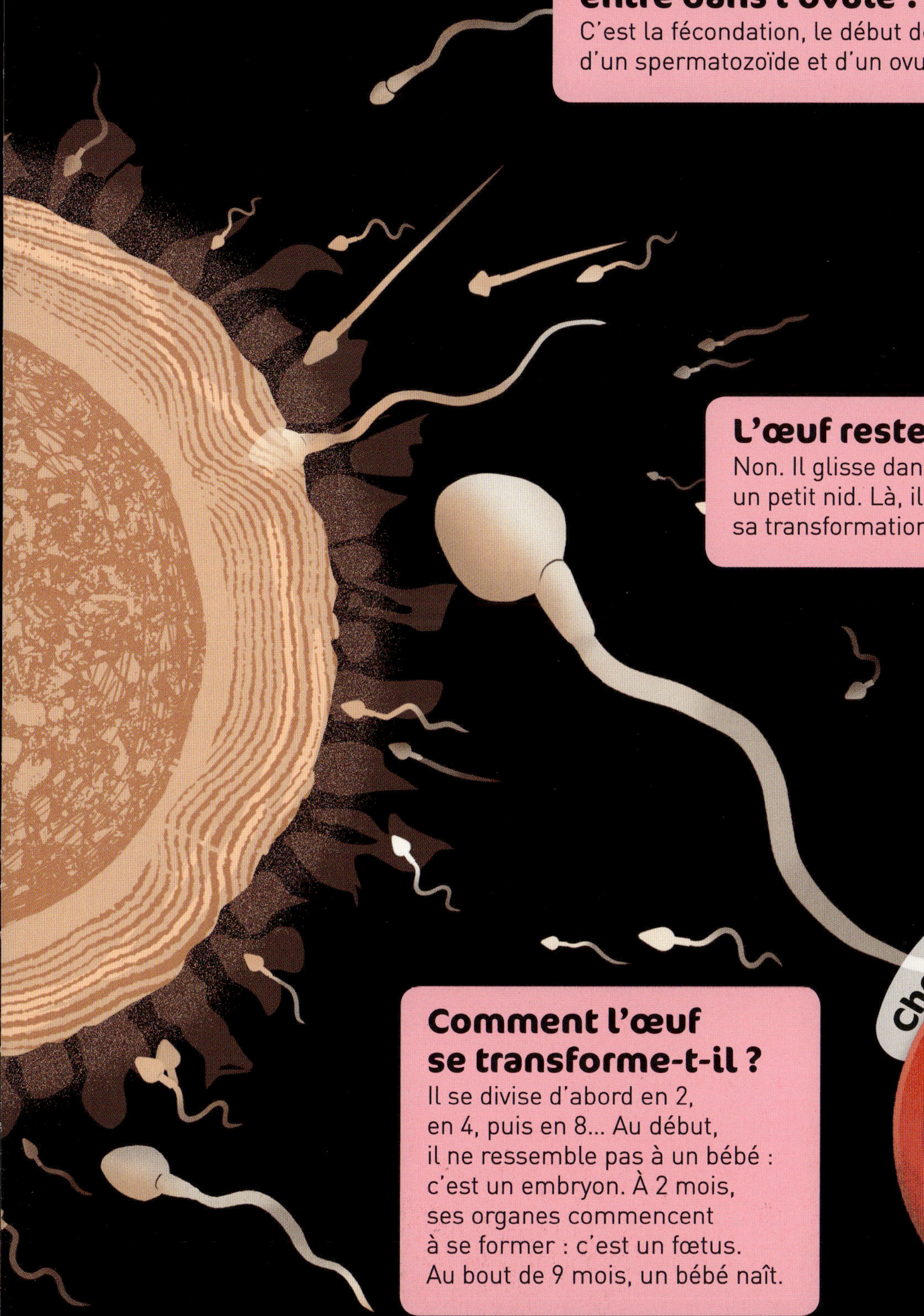

L'œuf reste-t-il dans la trompe ?

Non. Il glisse dans l'utérus, qui forme comme un petit nid. Là, il se fixe à la paroi et continue sa transformation.

Comment l'œuf se transforme-t-il ?

Il se divise d'abord en 2, en 4, puis en 8... Au début, il ne ressemble pas à un bébé : c'est un embryon. À 2 mois, ses organes commencent à se former : c'est un fœtus. Au bout de 9 mois, un bébé naît.

Un beau bébé dans un gros ventre

La fécondation a eu lieu il y a 5 mois. Le fœtus a bien grossi... et le ventre de sa maman aussi ! Grâce à l'échographie, on voit si le futur bébé grandit comme il faut et se porte bien.

C'est quoi, une échographie ?

Un examen médical. Grâce à un appareil que le médecin passe sur le ventre de la maman avec un gel spécial, on peut voir le fœtus sur un écran.

Comment il vit dans le ventre de la maman ?

Il flotte dans une poche pleine de liquide qui le protège des chocs. Il dort beaucoup mais fait aussi des galipettes ou joue avec son cordon. Il s'entraîne à téter en suçant parfois son pouce !

À quoi ressemble le fœtus ?

À un bébé en miniature ! Tous ses organes sont pratiquement formés. Il a des bras, des jambes… et une grosse tête avec ses premiers cheveux.

Est-ce que le bébé mange ?

Oui, mais pas comme toi ! La « nourriture » et l'oxygène sont apportés par le cordon ombilical qui le relie à sa maman. Le bébé mange et respire la même chose qu'elle.

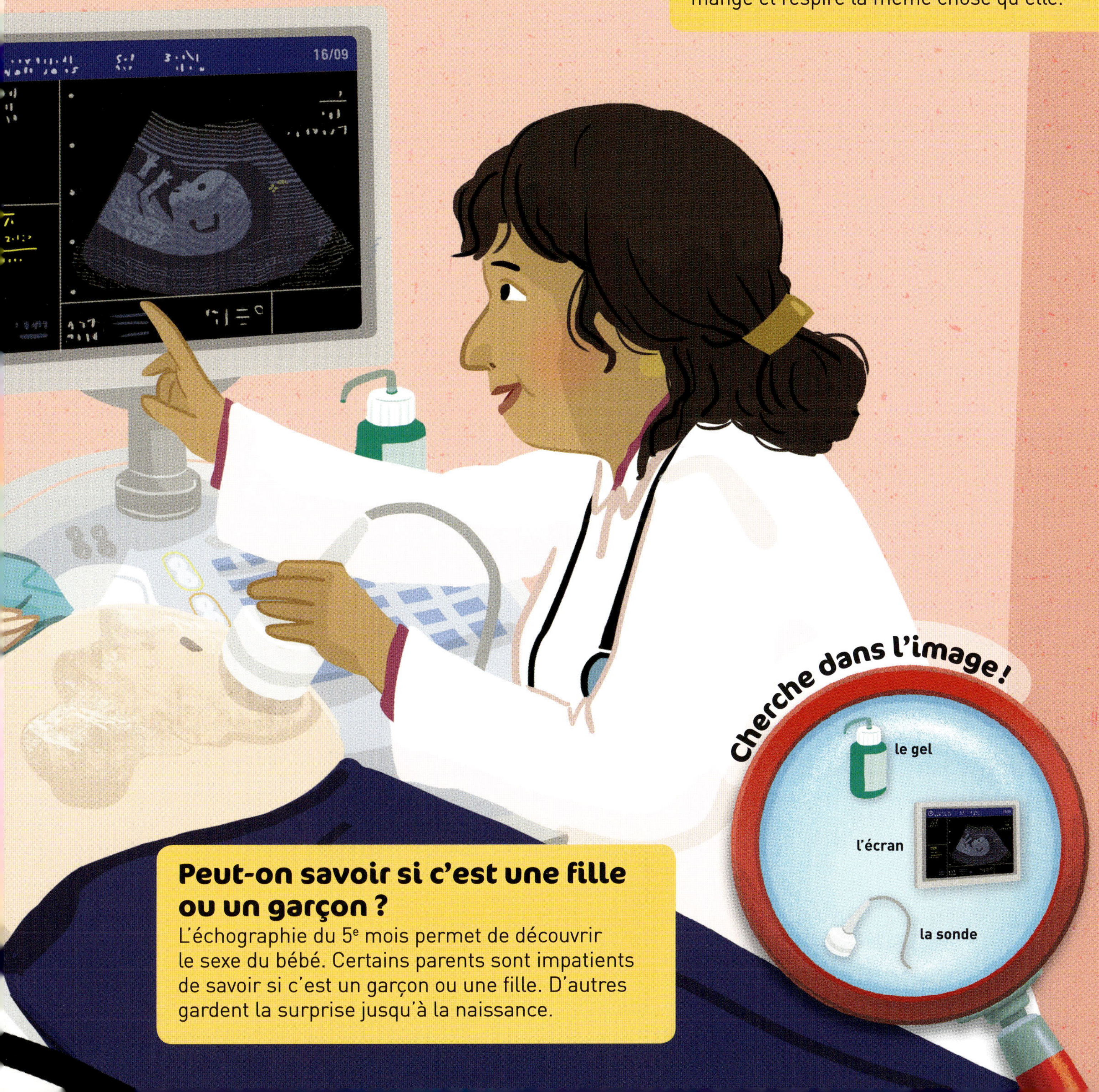

Peut-on savoir si c'est une fille ou un garçon ?

L'échographie du 5e mois permet de découvrir le sexe du bébé. Certains parents sont impatients de savoir si c'est un garçon ou une fille. D'autres gardent la surprise jusqu'à la naissance.

Deux bébés en même temps !

Parfois les parents n'attendent pas un seul, mais deux bébés : ce sont des jumeaux. Ils le découvrent souvent lors de la première échographie. Quelle nouvelle !

C'est quoi, des « vrais » jumeaux ?

Des jumeaux issus d'un même œuf, formé par un spermatozoïde et un ovule, qui s'est divisé en deux. Les vrais jumeaux se ressemblent… comme deux gouttes d'eau !

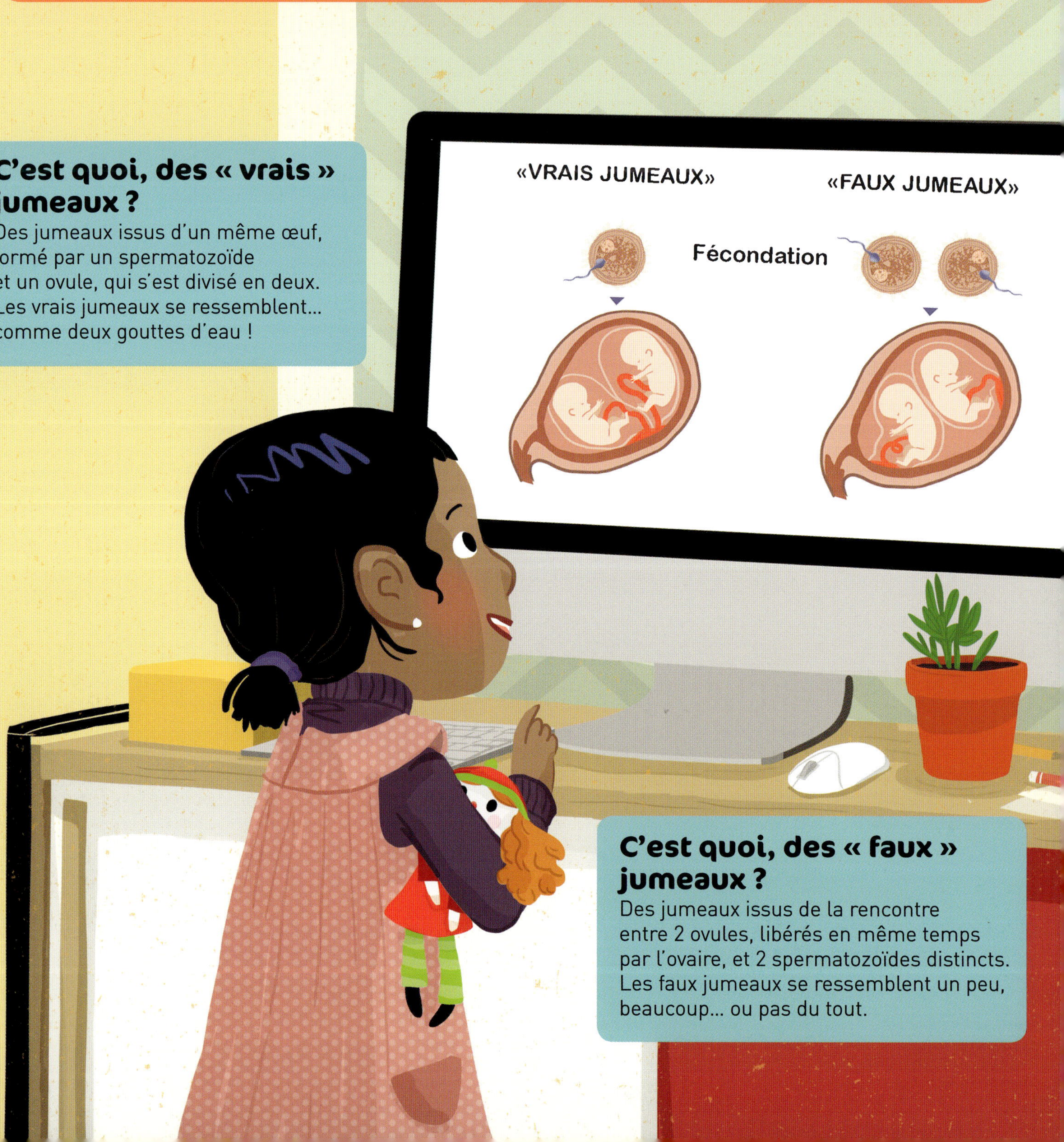

C'est quoi, des « faux » jumeaux ?

Des jumeaux issus de la rencontre entre 2 ovules, libérés en même temps par l'ovaire, et 2 spermatozoïdes distincts. Les faux jumeaux se ressemblent un peu, beaucoup… ou pas du tout.

Les jumeaux sont-ils serrés dans le ventre de la maman ?

Vers la fin de la grossesse, les jumeaux manquent de place. Ils naissent souvent plus tôt que prévu et sont plus petits que les autres bébés, mais ils se rattrapent vite ensuite !

La maman peut-elle porter plus de 2 bébés ?

Oui ! Quand elle en attend 3, ce sont des triplés. Au-delà, c'est plus rare. Quand ils sont 4, ce sont des quadruplés, 5, des quintuplés...

Pourquoi il y a des jumeaux fille et garçon ?

Les jumeaux fille et garçon sont toujours des faux jumeaux. Mais les faux jumeaux peuvent aussi être 2 garçons ou 2 filles.

On prépare l'arrivée du bébé

À 7 mois, la grossesse est bien avancée. Toute la famille parle de plus en plus du bébé. On lui achète ses premiers habits, ses premiers jouets. Quel prénom va-t-on lui donner ?

Qui choisit le prénom du bébé ?

Le papa et la maman. Pour avoir des idées, ils regardent parfois un livre des prénoms. Tu peux aussi leur proposer des prénoms que tu aimes bien…

Pourquoi le ventre de la maman grossit ?

Parce que le fœtus grossit : il pèse plus d'un kilo. Heureusement, l'utérus où il vit s'agrandit avec lui… et la peau du ventre de la maman, qui est élastique, s'étire !

La maman sent-elle son bébé bouger ?

Oui, depuis qu'il a 5 mois. Et si tu caresses le ventre de ta maman avec ta main, tu pourras aussi sentir le bébé et peut-être même le faire réagir. Incroyable !

Le bébé peut-il voir ?

Ça y est, à 7 mois, il sait ouvrir et fermer les yeux. Mais il ne voit que la lumière vive.

Est-ce que le bébé entend si on lui parle ?

Oui ! À partir de 5 mois, le fœtus entend le cœur de sa maman qui bat, ses intestins qui gargouillent… et aussi les bruits du dehors : tu peux lui parler ou lui chanter une chanson !

Prêt pour la sortie !

Cela fait 9 mois que le fœtus est dans le ventre de sa maman. La grossesse va bientôt se terminer. Une nouvelle aventure se prépare : la naissance !

Pourquoi le bébé a-t-il la tête en bas ?

Il s'est mis dans la position idéale pour sortir du ventre de sa maman : la plupart des bébés naissent la tête la première. Mais certains naissent par les fesses !

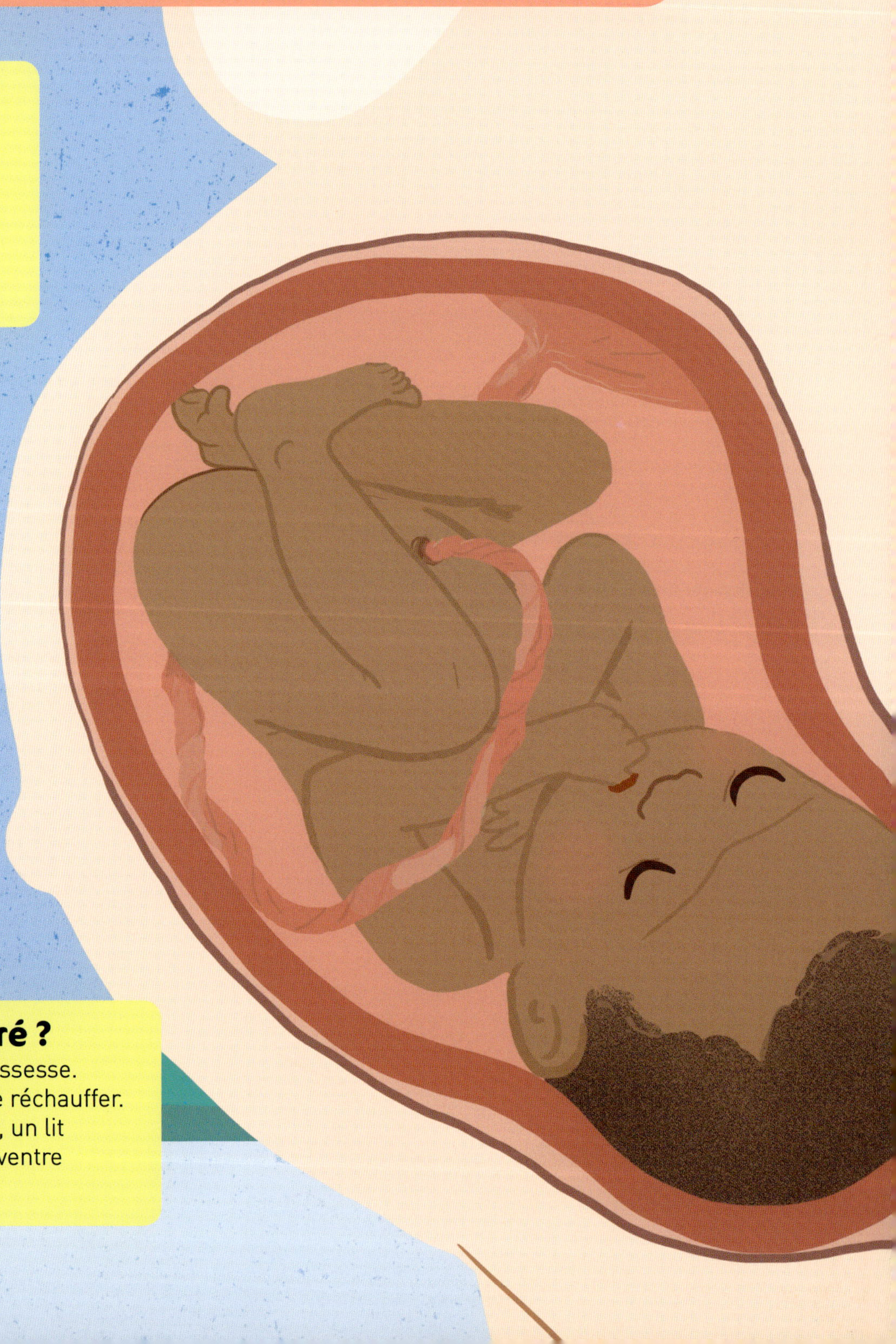

C'est quoi, un prématuré ?

Un bébé qui naît avant 8 mois de grossesse. Il peut avoir du mal à respirer et à se réchauffer. Alors on le place dans une couveuse, un lit où il reste au chaud comme dans le ventre de sa maman.

Est-ce qu'il fait pipi ?

Oui, car il boit le liquide dans lequel il vit. Heureusement, ce liquide est renouvelé régulièrement ! Mais il ne fait pas caca.

Le bébé est-il gros ?

Généralement, le bébé qui va naître pèse 3 kilos : le poids d'un petit chat. Mais il arrive qu'il soit plus léger ou plus gros. Le record est de plus de 10 kilos !

Comment la maman sait qu'elle va accoucher ?

Elle ressent des contractions : son utérus, qui est un muscle, se serre pour aider le bébé à sortir. Parfois, la poche qui contient le liquide se perce : on dit que la maman perd les eaux.

Bébé est là !

La maman a ressenti de plus en plus de contractions, alors elle s'est rendue à la maternité, l'hôpital où naissent les bébés. Elle vient juste d'accoucher… et fait connaissance avec son nouveau-né !

Par où sort le bébé ?

Par le vagin de la maman, qui s'élargit pour laisser passer le bébé. Parfois, le médecin ouvre le bas du ventre de la maman pour aider le bébé à naître : c'est une césarienne.

Est-ce que ça fait mal d'accoucher ?

La maman a mal parce que son utérus se contracte très fort. Elle peut calmer sa douleur en respirant profondément ou grâce à une piqûre, la péridurale.

C'est quoi, une sage-femme ?

C'est une personne – femme ou homme – qui travaille à l'hôpital et qui aide la maman à accoucher : elle lui dit comment respirer et quand pousser pour faire naître le bébé.

Le papa assiste-t-il à l'accouchement ?

Oui, s'il l'a décidé avec la maman. Il la rassure, lui parle, lui tient la main... Il pourra aussi s'occuper du nouveau-né.

Que devient le cordon ombilical ?

Le papa ou la sage-femme le coupe : le bébé n'en a plus besoin pour manger et respirer ! Cela laisse une petite plaie. Plus tard le bébé aura une cicatrice : son nombril.

On fait connaissance

Après l'accouchement, la maman se repose quelques jours à la maternité. Les enfants sont pressés de la retrouver et de faire connaissance avec le nouveau bébé !

Le bébé est-il fragile ?

Oui, on ne doit pas trop le serrer quand on le porte. Il faut surtout bien maintenir sa tête, car il ne peut pas encore le faire tout seul : on place donc un bras sous sa nuque.

Est-ce que tout le monde peut venir voir le bébé ?

Oui, sauf si on a une maladie comme un rhume. Le bébé est très sensible aux microbes. Il faut d'ailleurs se laver les mains avant de le toucher.

Pourquoi le bébé porte un bracelet ?

C'est son bracelet de naissance. On le coupera à la maison. Ses nom, prénom et date de naissance sont inscrits sur l'étiquette. Impossible de le confondre avec un autre bébé !

Les mamans accouchent-elles toujours à la maternité ?

En France, presque toujours. Mais certaines mamans font le choix d'accoucher à la maison, en étant accompagnées par une sage-femme.

Que mange le bébé ?

Seulement du lait ! Soit il boit le lait de sa maman, au sein. Soit il boit du lait en poudre mélangé à de l'eau, dans un biberon.

Bienvenue à la maison

La maman est de retour à la maison ! Tout le monde apprend à vivre avec le bébé. Et si les parents s'en occupent beaucoup, ils n'oublient pas leurs autres enfants...

Pourquoi le bébé pleure-t-il souvent ?

Parce qu'il ne sait pas parler ! Il pleure quand il a besoin qu'on s'occupe de lui : pour dire qu'il a faim, froid, chaud, qu'il est énervé ou qu'on doit changer sa couche.

Pourquoi porte-t-il des couches ?

Parce qu'il est trop petit pour contrôler les muscles de son ventre et retenir son pipi et son caca. Il ira sur le pot vers l'âge de 2 ans.

Est-ce qu'il dort tout le temps ?

Presque jour et nuit. Même si parfois il se réveille plusieurs fois par nuit ! Ce sommeil l'aide à grandir et permet à son corps et à son cerveau de continuer à se construire.

A-t-il sa chambre à lui ?

Au début, il dort souvent dans la chambre de ses parents, surtout s'il est nourri au sein. Ensuite, il aura sa chambre à lui ou partagera la chambre de ses frère et sœur.

Quand sera-t-il grand ?

Petit à petit, le bébé apprend à s'asseoir, à se lever, à marcher, à parler, à devenir propre... À 2-3 ans, il devient un enfant !

Toutes sortes de familles

Un papa seul avec son fils, deux mamans avec un bébé, des parents avec des enfants adoptés... : il y a toutes sortes de familles ! Un point commun : l'amour qui les unit !

C'est quoi, une FIV ?

Quand un couple n'arrive pas à avoir de bébé, un médecin peut les aider en faisant se rencontrer ovule et spermatozoïde dans une éprouvette : c'est une FIV ou Fécondation In Vitro.

Et si deux personnes de même sexe veulent un bébé ?

Elles peuvent adopter un enfant. Il arrive aussi qu'une des deux personnes fasse un bébé et qu'elles l'élèvent ensemble. Quand deux hommes ou deux femmes sont amoureux, on dit qu'ils sont homosexuels.

Pourquoi certains adultes n'ont pas d'enfants ?

Certains n'en veulent pas tout de suite ou pas du tout et font l'amour en utilisant un contraceptif, un moyen qui empêche d'avoir un bébé. D'autres n'ont pas rencontré la personne avec qui faire un bébé ou ne peuvent pas en avoir.

Ça veut dire quoi, adopter ?

C'est devenir parents d'un enfant conçu par d'autres parents, qui ne peuvent pas l'élever. Cet enfant peut être né en France ou à l'étranger.

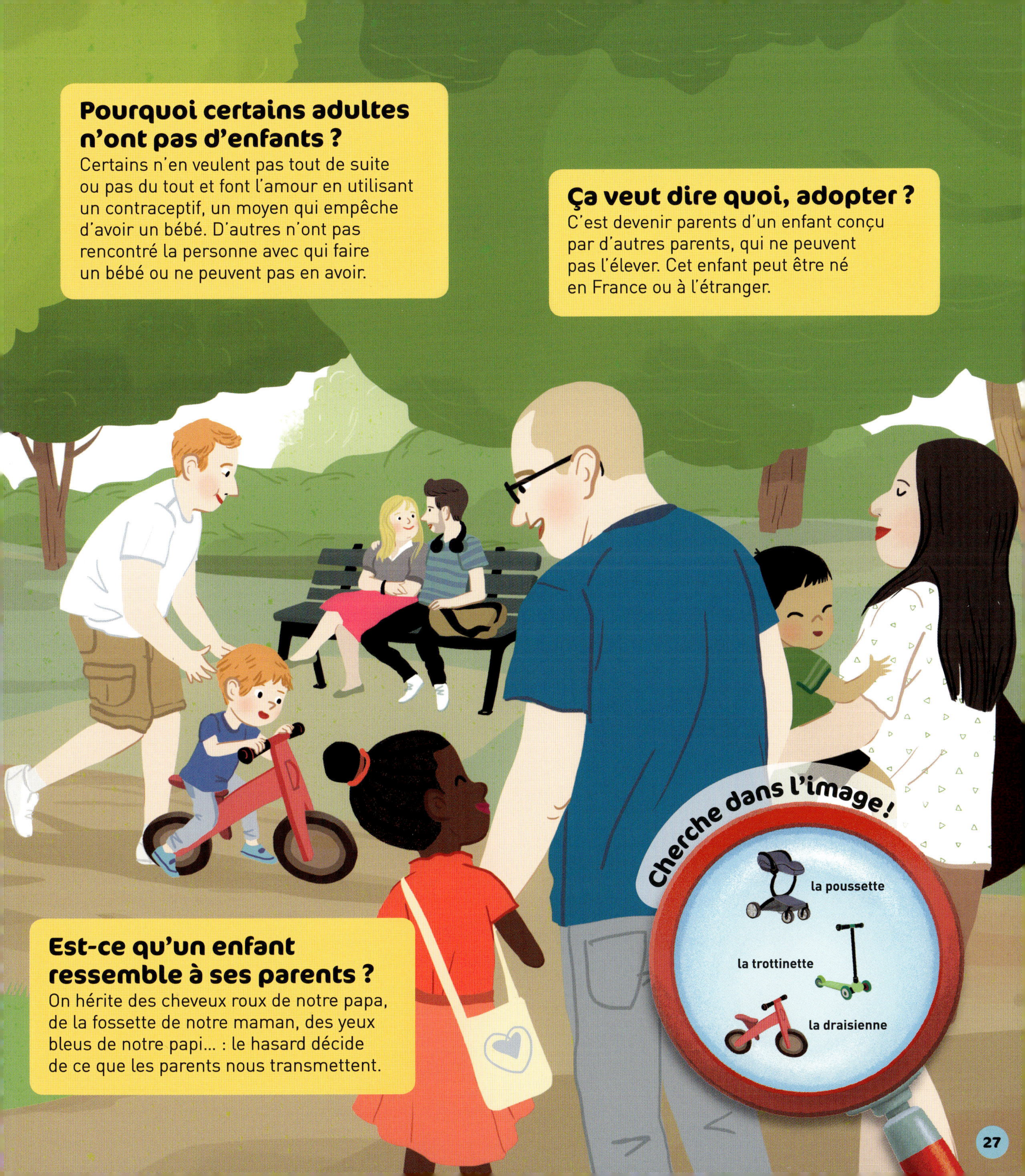

Est-ce qu'un enfant ressemble à ses parents ?

On hérite des cheveux roux de notre papa, de la fossette de notre maman, des yeux bleus de notre papi... : le hasard décide de ce que les parents nous transmettent.

Le sais-tu ?

Quel est le plus gros bébé animal ?

C'est le petit de la baleine bleue : le baleineau. À la naissance, il pèse 3 000 kilos… alors que le poids d'un bébé humain est généralement de 3 kilos ! Il grossit aussi très vite : 90 kilos par jour lors de ses premiers mois. Un beau bébé !

Quel animal porte son bébé le plus longtemps ?

C'est l'éléphante ! Elle l'attend pendant presque 2 ans. En comparaison, la grossesse humaine qui dure 9 mois est courte… mais longue comparée à la gestation du hamster, qui dure seulement 2 semaines !

Que fait le bébé kangourou dans la poche de sa maman ?

Il grandit ! Quand il sort du ventre de sa maman, ce n'est encore qu'un fœtus, grand comme un haricot sec. Il rampe alors jusqu'à la poche de sa maman où il finit de se développer… en tétant.

Comment naît le bébé girafe ?

Brutalement : il tombe de 2 mètres de haut, car sa maman lui donne naissance debout ! Mais cela ne l'empêche pas de marcher presque aussitôt... Le bébé humain, lui, n'est pas si précoce : il marche souvent vers 1 an.

C'est toujours la maman qui accouche ?

Presque. Mais chez les hippocampes, le papa porte dans une poche ventrale les œufs pondus par sa femelle. Il les garde jusqu'à ce qu'ils éclosent et les expulse tout formés.
Le crapaud accoucheur, lui, garde ses œufs en bas de son dos. Il les libère dans l'eau quand ils sont prêts à éclore. Sacrés papas !

Pourquoi la truie a-t-elle 12 mamelles ?

Chez les mammifères, plus on a de mamelles, plus on a de petits. La femme n'a que 2 mamelles – ses seins – et souvent 2 bébés maximum. La truie, elle, avec ses 12 mamelles, peut donner naissance à 12 porcelets.